JN409113

행복한 동행

도서출판 옹달샘

차례

제3부 | 깨달음

제4부 | 추억

책을 내면서

– 華聯 화연 윤영라

항상 누가 물어보면,
성공하면 글을 쓸 거라고 얘기했었는데
미리 하나씩 써 보라는 홍순옥 선생님을 통해
성공했구나 나도 모르는 사이
행복한 사람이 되어있구나,
느끼게 되었어요.
아쉽다는 생각이 없고
하고 싶은 일은 바로 해 버리니
못한 것에 대한 미련없이
오늘 어떻게 잘 지낼까만 생각하는 편이니…

인생에 성공이라면 성공이구나.
그래 하나씩 써 보자 생각하고
글을 쓰게 되니 샘 솟는 기쁨입니다.
힘 주신 남편과 자식들 격려해 준 가족들
도움 주신 홍순옥 선생님,
감사합니다.

제1부 | 성공

성공 주문1

마음 속에 항상 있었네
갈망하며 새벽부터
늦은 밤까지

배고픔을 물로 달래기도 하고
추위에 뛰어다니며
막차 놓쳐 동동걸음도 쳐 봤지

차 기름 없다고 불 반짝거리는데
하동 고속도로를 불안하게
달린 적도 있었다

성공하려고 하루 종일
되뇌이며 다녔는데
정작 기도할 때

– 가족 모두 부디 건강하고
편안하게 해 주세요
그렇게 기도했네

아 지금와서 생각하니 그것이
성공 주문이었네
마음 편히 사는 소원

아름다운 동행

우리는 어디를 가든 같이 가자
너무 가까이 있지도 말고
멀리도 아닌

그냥 그대로
편하게 더 다가와도 부담
멀어지면 곤란해

미련도 버리고
욕심도 내려놓고
후회하지 말고

편한 그 자리에서
하나의
목표를 보면서

뒤돌아보지 말고
꾸준히
변치 말고 같이 나아가자

연두빛 희망

그건 나의 삶이네
작은 것이 되었다가
큰 것이 됐다가

아침에 눈을 뜨면 즐거운 일이지
가슴 떨리며
하루종일 웃음으로 다녀

자기 전 두 손 모아 빌지
내가 사는 힘
살아온 힘이고 보람이지

누구에게 빼앗기지 않고
누구에게도 보여주지 않아도
즐겁고 행복한 그건 나의 전부이네

연두빛
제일 좋아하는 색깔
아름다운 나의 꿈

한양 도성

한양은 꿈의 나라
경복궁 구경 갔든 옛날 옛적에
양반들만 살고 공주같이 예쁜 사람만
사는 곳인 줄 알았네

도착해서 본 사람들
그냥 우리랑 똑같은
사람들이네

성공해 보려고
뛰어가는 사람들
사이로 대중교통 타려고
같이 뛰었네

경청송

경남에서 태어난 것이 자랑스럽다
청년의 꿈 노년에 이루려 하니
송이송이 포도송이같이 알알이
열매의 결실 맺으면 좋겠다

달빛 보며

예전에 보름날
동료들과 한 차 타고
산골 절에 갔네

촌동네 사람들 논에 모여
달집태우기를
하고 있네

절에 가서 참배하고
내려오다가
뭔가 옷이라도

태우는게 액막이에
좋다기에 추운 날
겉옷은 벗기도 그렇고

할 수 없이 동료들과 속옷 벗어
달집에 던져넣고 달 보고 소원 빌고
겉옷만 입고 즐겁게 왔네

겨울 소나무

겨울 소나무는 더 푸르다
친구들은 옷 갈아 입을
새해를 준비하는데

소나무는 산 찾는 이 반기려고
길 동무도 되어
길 잃지 말라 하고

그 자리에 그대로 겨울을 맞이하네
너가 있어
산이 좋고 또 오고 싶구나

푸르른 빛 고이고이
영원도록 간직하고 향기 내어
세월 흘러도 너를 잊지 않을거야

그곳에 항상 너가 있어
고맙고 그리울 때
언제라도 또 찾아올게

제비꽃

제비가 찾아올 때 즈음
제비꽃이 피지

이름도 어쩜 그리 딱 맞는지
사랑해서 제비가 오는지

조그만 자주 꽃 흰 제비꽃
삶의 희망을 주는 작은 너는

움추린 어깨를 펴게 하는구나
이렇게 작은 여린 꽃이 잡초 속에

썩어서 이렇게 예쁘게 피어나니
살아있다는게 얼마나 행복인지

한번 더 느끼게 하는 작은 용기와
희망을 주는 너는 참 대단한 제비꽃

홍매화 꽃

홍순옥 선생님 존경합니다
매서운 눈초리로 두루두루
잘 살피시어

꾸중할 때는 꾸중하고 칭찬하고
꽃처럼 환하게 웃는 모습이
어린애같이 천진난만해요

옹달샘3

옹기종기 27기 학원생들
투명 커튼 칸막이 앞에
초롱초롱한 눈망울로 앉았네

달콤한 사탕과자 나누어
먹으면서 하하 호호 즐겁네

샘 나게 점수 잘 나온
예쁜 새댁 부럽다

옹달샘1

옹기종기 모여서
달 보고 박수 치며 즐겁게 소원 빌자
샘 솟는 행복감으로 남은 세월 즐겁게

성공 주문2

성공은 갈망하는 사람의 몫
공부 열심히해서

글 잘 표현해야
주인공 실력 있는 작가

문장 잘 쓰려면 피나는 노력으로
자꾸 써야 하지

하얀집1

아름드리 큰 소나무
정원을 드리우는
하얀 이층집을 보았지

자동차가 현관앞까지
들어가는 마당이 큰집
아, 나는 3층집을 지어야겠다

동떨어진 외진 곳이 아닌
사람들이 분비는 곳
따뜻한 태양이 비추는 곳에

자식들과 같이 아래윗집
사는 보금자리 만들려고
땀으로 키웠지

머지않아 현실이 될꺼야
꿈 꾸면 이루어지는 이끌림의 법칙
하늘을 보니 예스

봄이 오면1

봄은 너무 좋아

형형색색 예쁜
꽃들이 많이 피네

이맘 때는 벚꽃 구경 군항제 있지
오는 친구들 맛있는 거 대접하고
즐겁게 지내자

면면히
물 흐르듯
재밌게 흘러가자

봄이 오면2

봄날은
지금부터야
이렇게 좋을 수가

오고 가며 만난 인연
면면히 이어나갈
옹달샘문학

입춘

고요히 숨죽이며 쉬고 있는
우리들
깨우는 소리

먼저 일어날거야
아냐 내가 더 빨리 깨어날거야
다투어 꽃들이 움을 틔우네

깨어나
누구를 위해서가 아니야
새로운 삶이니까

겨우내 움츠렸던 어깨를 펴고
발걸음 당당히 다시금
제대로 해보자

봄은 누구에게나
무지개빛 희망
이루고 싶은 시작이다

산수유

찬바람 가고 봄이 오나 싶을 때
공원에 나가면 노란 산수유 꽃

반갑다고 활짝 손을 펴고
오고가는 이를 반기네

반갑다고, 같이 손을 흔드네
가슴 설레는 노란꽃 보고나면

희망의 나래를 편 용기가 생겨
누구에게 손을 펴며 반갑게 인사할까

늦가을 산수유 나무 빨간 홍등
초롱초롱 달아서 밤 길 밝혀주고

공원 산수유
겨울에도 등을 달고 있네

인생의 달인

인생
짧다면 짧고 길다면 길다
시련이 올 때
잘 견뎌내는 사람

조금 여유롭다
행복하다
생각할 때
하는 일 잘돼서 교만해지고

살짝 느슨해지면
순간 샘내는 것 같이
고통
따라오지

그럴 땐 왔나
까짓것 올테면 와
칠전팔기
오뚜기처럼 또 일어날 거니

삶에 포기는 없다
즐기지

제2부 | 사랑

웃음꽃1

웃음이 안 나와도
웃으면

음악처럼 멜로디되어
사방으로

꽃처럼 주변을 환하게
아름답게 해

웃음꽃2

결혼하고 처음 엄마랑
바쁜 시간 중
여가를 내어
나들이를 갔었네

빨간 승용차에 김밥이랑
맛있는거 사서
오랫만에
부곡온천을 갔네

즐겁게 점심 먹고
주변 구경
재밌게 하고 걷다가
같이 온천을 들어갔지

온탕에 엄마랑 동생이
앉아있었고
땀나는 한증탕에 들어갔다가
온탕에 들어가 엄마 옆에 앉았네

엄마가 나를 쳐다보더니

안면이 있다 싶었는가
나를 보고 댁은 어디서 왔소
하면서 쳐다보는데

– 예
쳐다보는 순간
서로 깜짝 놀라며 알아차렸지
– 왕 하면서
서로 젖가슴을 때리면서

물을 틔기
얼마나 웃었든지
옆에 앉은 사람들

영문도 모르고
같이 웃음바다

온땅 욕조 안이 완전 들끓었네
옷 입고 본 딸 몰라보네
그때 생각만해도
웃음 난다

사랑꽃1

하루도 못 보면 애타네
실시간 안 보면 궁금하네

힘 모아 올리는 좋은 글
멋진 풍경들 재밌고 울컥하고

염려해 주고 좋은 밤
보내라고 위로해 주고

내일이 있어서 행복하고
오늘도 예쁘게 봐주지요

마음 놓고 말 할 수 있는 곳
쓰고 싶은 글 쓸 수 있는 옹달샘

사랑꽃2

당신이 있어서 오늘도
열정이 샘솟는 답니다

내 곁에 항상 있었지요
뭔가 해 내는 힘이고
살아가는 동력입니다

당신이 없으면 많이 무의미한
삶이 되었을 것같아요

살아있는 동안은
놓치 못할 것같군요

동반자이고 꿈을
이루게 하는 힘이니까

봄같은 인연

당신은 살며시 다가왔지요
쌩 하게 1분도 더 기다리지
않는 냉한 인상이

살짝 조금씩 궁금해졌지요
동작 느린 마음이 조금씩
서둘러 발걸음이 빨라지는

기적같은 시간들이
조금씩 늘어나며 가슴 저린
연민이 조금씩 솟아나며

스쳐가는 인연이 아닌
운명의 인연이 오는
조그마한 속삭임이

소리없이 가슴을
파도치게 하더군요
봄같은 인연으로 다가와

여름같이 활활 타는 태양이

됐다가 가을의 풍요로움으로
편안한 휴식도 즐기고

겨울의 휴식으로 따뜻한
멋진 날들로 여유롭게
멋진 글을 쓰고 있네요

당신과의 인연은
하늘이 맺어 준
예쁜 끈이군요

동짓날

팥죽 먹어러 온나
엄마 목소리 아버지 목소리
그립네

팥죽 만드는 새알심이라도
비벼드릴 걸
아픈 몸으로도

자식 얼굴 함 보려고
팥죽 끓여서
연락하는데

속도 모르고
바쁘다고 죽만 받아서
그냥 오기 바빴네

고맙고 미안하고
그리운 부모님
이번 동짓날도

두분 하늘에서

자식들 보고 계셨지요
나이 먹고 철없는 딸

부디 용서하시고
편안하게 두분 속상한 맘
훌훌 털고…

땅과 맞닿은 하늘

호수가 너무 아름다워
하늘이 빠졌네

호수는 하늘이 멋져서
꼭 껴안아 버렸네

서로 떨어지기 싫어서
같이 있기로 했네

햇님이 샘 나
구름 사이로 숨었네

호수와 하늘은 캄캄한 밤에도
포옹하며
햇님이 화 풀기를 기다렸네

떼어놓고 싶어도 떼어놓을 수
없다는 걸 안 태양이
활짝 웃으면서 축하해 주네

옹달샘2

옹기는 단아한 자태로 조용히 기다린다
달콤하고 새콤하고

구수한 맛으로
찾는 이를 행복하게 해주려고

샘물 정수해서 백일 뱃속에 담아
고운 빛깔로 대접하련다

행복한 동행

캄캄한 구름 낀 하늘 사이로
한 줄기 빛이 쏟아지는 것
같았지

빛이 서서히 구름을 제치고
조금씩 환하게 어두움을
거둬갔네

온 세상을 밝고 따스하게
용기와 희망을 가지고
앞으로 나가게

항상 옆에서 내 편이 되고
어려울 때 손 잡아주며 배려하여
살아갈 수 있는 힘을 줬군요

당신은 참 고마운 사람
영원히 함께 할
행복한 동행자

외갓집 까치

선달 그믐날 까치가 울었던가
1월1일 새해에 외손자가 왔네

무엇을 해줄까
맛있는게 무엇일까

공룡 그림에 재미를 붙혀서
하나하나 공룡 이름 얘기하는 외손자

까치가 자주 울면 좋겠네
외손자가 자주 오게

외할머니집 갔다가 오는데
시간이 많이 걸렸어요

일곱살 꼬맹이는 장유에서
강원도까지가 멀게 느껴졌겠다

청국장

입맛 돌고 참 정감 가요
콩을 삶아 반데기 만들어
이불 씌워 아랫목 62시간

묻었다가 주인공
눈치 받고
잘 참고 나왔네

가족은 맛있다
잘 먹었어
아파트는 문 열어 놓고 끓여야

다음 날도 편하네
문 닫고
끓인 날은 하루종일 양말 냄새

세탁해도 계속
문 열어도 안 되네
뭔일인가 아 어저께 청국장 먹었지

까치 설날

내일은 설날
오늘은 까치 설날
바쁘네

잡채 생선 굽고
전도 몇 가지 하고
나물과 떡국

객지에 갔던 아들딸
맛있는거 해주고 싶어
바쁜 마음

설이라고
새옷 입는
시절이 아니니 다행

울 엄마 열 자식
손꼽아 기다리며
동동길음을 치며 바빴겠다

설날

음력으로 정월 초하루
올해는 호랑이 용맹전진
즐거운 설날

조상님 가족들 모여서
잘 지내라고
만드셨나 봐

객지에 아들 딸 오니
너무 좋아서
설날이 빨리 오면 좋겠고

나이 한 살 더 먹으니
좀 천천히 오면
싶네

달을 보며

울 엄마 얼굴 생각 난다
열 달 배 아파 열 자식을 낳았으니
힘들만도 한 데

힘들다는 말
한번 들어본 적 없네
대단한 우리 엄마 보고 싶다

달덩이 같은 외손자 생각하면
웃음 난다 꼬맹이가
어른스럽게 위로의 말 잘하네

동그란 얼굴 우리 아들
묵묵히 열심히 하는
베풀기 잘 하는 심성

예쁜 우리 딸들
힘들어도 말 없이 최선 다하는
얼굴은 햇님

식구들 얼굴 생각하니
즐거운 웃음이 절로 나
달빛에 비치는 보람

순수한

순하고 순한 우리 자식들이
수없이 힘든 시련 다 이기고

한 없이 좋은 일만 줄을 서있네
정말 고맙네 나의 품으로

들어온 행운의
나의 새싹들

옹달샘5

옹알이 하며 태어난지
얼마 안 된 손자가
달덩이같은 얼굴이 귀여운 손자가 되었네

샘 솟는 열정으로 하고 싶은 것도 많은
손자가 늠름하네

코스모스

풀처럼 태어난
아름다운 여덟잎 꽃
우리집 여덟 딸들 같네

서로 마주 손잡고 있는거 같아
이야기를 담고 있는
많은 별을 가운데 두고

키가 조금 더 커야지
자꾸 올라가네
-조금 더 올라가면
볼게 많을거야

하늘거리는 몸짓으로
가을의 쓸쓸함을 위로해 주고
응원해 주는 꽃

코스모스 길 걷다보면
아픈 시련 다 잊고
올 때는 희망 가득

웃음으로 용기 내어
내일을 더 잘 살 수 있어
고맙다 코스모스

사랑의 묘목

가슴에 세 그루의 묘목을
조용히 심었네

비가 오나 눈이 오나
비바람이 쳐도
꾸준히 조금씩 커갔네

희망 주고 보람도 줬지
지금은 큰 울타리가 되고
그늘이 되어

나에게 쉴 수 있게
편안을 주네
내 사랑의 묘목

어쩌면 그렇게 잘 컷는지
이 세상에 태어나
잘한 일 중 최고의 선물

상생

혼자는 살 수 없지
누군가 와 부대끼며
살아야 하는
세상살이

살을 깎아내는 아픔도
말 못 하고 혼자 속앓이
해도 견뎌내야
같이 갈 수 있네

함께라야
더욱 가치 있고
아름다운 멜로디
빛나는 마무리이지

제3부 | 깨달음

달빛 기도1

달빛은 온유한데 사람은 가지각색

기도는 모든 사람 편하게 답을 주네

올해도 달빛 보고 세상사 빌어보자

달빛 기도2

그날도 보름날
이것 저것 식구들 옷가지를
챙겨서 달집 태우기를 준비했지

서로 잘 지내는 옆지기
뭔가 맘에 안 드는 일이 있었는지
쌤통을 내니 화 나고 속상해

욱하는 성격이라
괜스레 부화가 나서
달집태우기
하지 말까 고민하다

달집 태우기를 하며
올해도 가족들 건강하게
맘먹은 일 잘되게 해주세요

달을 보고 두손 모아 기도하는데
스스로 마음이 편안해지며
조금 전 화 났던 게 풀리는 거야

기도의 힘을 직접 체험하는 순간
편안한 맘으로 집으로 왔지
달빛 기도 꼭 해야 돼

달빛 기도3

달님은 알고 있을 거야
빛나는 삶 어떻게 잘 견뎠는지
기도하며 한해 한해 열심히

살아온 삶
도를 닦는 아픔과 고뇌를 안정으로
승화시킨 아름다운 행로

모과차1

모과차는 향기 좋은 달콤한 유혹
과육이 딱딱해 썰어서 만든다고
내 손이 힘들었지

차로 탄생하여 입 안을 즐겁고
행복하게 하네

모과차2

모과는 노란 향기 사랑꾼
과일처럼 바로 먹지 못해도

겨울 한철 우리집 비상 차
차 한잔 따뜻하게 먹고 나니

목이 확 트이고 향에 취하네

해뜨는 데서 해지는 데까지

다시 오지 않을 오늘의 해가 떴네
좋은 일은 살짝 빙긋이

나쁜 일은 조용히 침묵
잘했다 잘 못했다 고민 말고

오늘을 부끄럽지 않게 그냥
물 흐르듯 가는 거야

가다보면 알게 되지
하늘 땅 나무들 친구

잘 했는지 잘 못 했는지
힘들었는지 다 알고 있을거야

오늘 할 일 멋지게 잘 해내고
밤이 되면 기록하고

못 해도 편하게 그냥
눈 감고 자면 새로운 내일이 와

어제보다 더 잘하면 되는 거야
–내일은 또 내일의 해가 뜨니까

어울림1

참 쉽지 않았지
서로 생각이 틀리고
보는 방향도 다르니

같은 마음이 되어
들여다 보려니
많은 고뇌가 필요하네

친구가 좋아
편하게 다가가는 데
목적 있는 사람으로 보니

같이 어울린다는 게
쉽지 않았네
아무것도 하지 않고 만나면

진정한 벗이 되어
편하게
어울릴 수 있을란가

하얀 도화지

뭘 그릴까
뭘 쓸까
아지랑이 피어오르는 봄을 그릴까

활활 타오르는 태양을
그릴까
해바라기로 꾸밀까

상상의 날개 펼치는
하얀 공백은
살짝 가슴 설레는 꿈의 세계

언제나 펼칠 수 있는
나의 꿈을
무한한 날개를 펴고 날게 해 주지

요술쟁이 하얀 유혹
빠질수록
흥겹게 새록새록 채워가지

무소유

아무것도 없으니
이렇게 편한 것을

하고 싶은 것도 많고
갖고 싶은 것도 많아서

밤을 새우며 해야
편하게 잘 수 있었던 그 시절

나를 위해 하고팠던 마음
누구를 위해 하려니
가슴이 뜨거워져 오네

마음 그릇 비우고
주고 싶은 이를 위해 오늘도
희망과 열정을 깨워 보자

경청

많은 인내가 필요해
성질 급한 사람은
엄청난 수련을 요하는 거네

무엇인가를 보여주고
전달 해주고 싶은데
조금 빨리 해주면 좋은데

천천히 하고 싶은 말 다 하니
마음이 바빠지고
엉덩이는 털석털석

딴 생각을 하면서 들으면
내용을 모르겠고
집중해서 들으려니 좀이 쑤신다

근육이 저려오는 것
내 속의 답답함도
참아내는 아픔이네

상대방 맘을 알아야
백전백승
속마음을 알아 터놓고 백년 친구지

눈꽃송

눈으로 보기만 해야 돼

꽃은 예쁘다고 만지거나 꺾으면

송이송이 떨어지면 예쁨을 잃고

향기도 없어져

눈꽃

하늘에서 조그만 하얀 꽃이
날아오네
강에 있는 돌들은
눈꽃 모자 예쁘게 쓰고
나뭇가지 가지마다
파르르한 황홀함을 선보이고

갓 피어난 꽃들에겐 아픔이
꼬마들은 눈사람 만들어
즐겁게 놀고
비닐하우스 농부는
한숨 짓네

길바닥에 꽃눈은
발에 힘 주어
걷게 하고
하얀 꽃과 같이
그리움도 내려왔네

옛시절 떠올리며
빙그레

웃기도 하지
자동차도 천천히
우리도 엉금엉금

한숨 돌리며
쉬엄쉬엄 쉬어가도
된다고
하늘도 한번 쳐다보라고
하얀 휴식 시간 뿌려주네

봄이 오는 길목에서

율하천 다리 밑
응달 살얼음 밑에서
졸졸졸 시냇물이 흘러서

건강교 지나
만남교 지나고
정든교를 지나네

먹을 것이 많나
오리 가족들
즐겁게 조잘되며 놀고

흰 두루미 한 마리
쭉 뻗은 다리 자랑하며
멋있게 날기도 하네

노랑 모자 빨강 모자 까만 모자
폼 잡고 걸어다니는
우리들이 부럽나

오늘도 봄 오는 것

시샘하는 바람
마스크 쓴 뺨이 아리하다

또 겨울이 가고
새 봄이 오겠지
굽이굽이 꼬불꼬불 율하천

오늘도 아름답고
멋있다
봄이 오는 길목에서

간절한 소망

누구에게나
짐 되지 않고
힘을 주는 사람

마음 아픈 사람
다독여 주고
상처 받은 이에겐 위로를

같은 마음이 되어
웃고 울고
힘내서 살아 갈만한 세상

해뜨기 직전이 제일 어둡고 춥다
조금 더 참고 인내해
이루고 싶은 소망
이루어진다고

삶도 사계절처럼 변화무상하니
희망을 잃지 말라
지혜롭게 용기 주는
한 줄기 빛같은 사람이 되길

행복 샘물

옛날에 옹달샘에
매일 하루에 몇 번씩
물 뜨러 갔네

동생들 밥 해 주고
수제비 끓이고
고구마도 삶고

그릇 씻고
목욕 시켜주고 쓸 곳이
많아 수시로 물을 길어왔네

퍼오고 나서 조금 있다 가면
한 가득 채워져 있지
퍼오면 또 채워지고

가족들 살아갈 수 있는
행복을 주는
샘물이었네

지금도 즐거움을 주는
옹달샘문학을 만나
새롭게 행복하네

봄맞이

요즘 봄은 오기 바쁘게 간다
올 봄 좋은 일
외손자 초등학교 입학

예쁘게 핀 꽃들 자주 보며
여유로운 봄맞이
해 볼까

왠지 설레인다
행운이 오는 떨림
멋진 곳으로 구경 가는 좋은 느낌

봄을 시작으로
새로운 한 해 멋지게 보내
환희의 봄 기운 즐겁게 많이 받자

제4부 | 추억

야경1

희황찬 불빛 아래
회한을 담은 많은 이야기
보람도 있지

오동동 사거리 새벽
선지국 천막촌 야경
따뜻하게 속 풀어주는 서민의 삶

신포동 귀퉁이 찹쌀떡 넣은
달콤한 따뜻한 콩국
그리움

지금은 집 안에서
앞문 봐도 집집마다
사연 있는 색색깔 불빛

뒷문 내다보면 산 위에
장유사 불빛 보이고
십자가 빨간 색

층층마다 노란 불 흰색 불
도로 따라 노란 불빛이
줄을 서 있네

자동차 불 반짝거리고
신호등엔 초록불
와 좋다 집에서 맨날 야경 보네

야경2

오랫만에
동료들과 제주도로
여행을 하다

제주도 용두암
감귤밭
민속촌도 가고

잠수함 타고
색깔 예쁜 이름 모를
물고기 구경도 하다

생선회로 맛있는 저녁 먹고
지붕 뚜껑이 열린다는
나이트클럽으로 갔다

휘황 찬 불빛 아래 춤추는
가수 보며 인파속에 섞여
신나게 춤을 추었지

나이 든 동료들 눈치 없이
춤추는 거 구경만 하고
술 먹고 있네

지붕 뚜껑 열리면 하늘
별 보려고 기다리는데
춤을 춰도 시간은 와 그리 긴지

다들 우루루 나가기에
춤 추러가는 줄 알았는데
하늘 별도 못 보고 출입구로
에고 술값이 엄청 나왔나 봐
지붕 열리는 나이트클럽 가서
뚜껑 열기 직전 나와

아쉬움을 달래느라
오뎅탕 먹으며 야경 보고
별을 보다

하얀집2

어릴적 종소리 나면
신작로 길 먼 곳 하얀 집에 갔었지
엄마가 궁금해서 보면
여섯 살 꼬맹이가 혼자 가더라네

청소년 시절
성가대에서
노래도 하고 친구도 만나고

즐거운 시절이었지
아가씨 때
50분이나 걸어서 가면

왜 왔을까 궁금해지며
의문에 빠졌지
사람들

좋은 말은 맞는데
행동은 달라 고민이었지
시절 운 오면 다시 가게 될란가

어울림2

젊은 시절 민 얼굴에
허리까지 긴 생머리 내리고
청바지 입고 농구화 신고
손수건 달랑 가지고
어디든 다녔지

중년엔 구두 신고 핸드백 들고
정장 색색갈 갈아 입고
운전하며 여행도 다니고
폼내며 다녔네

노년이 되니 단화 신고
백발에 편한 바지 입고
물병 들어가는
큰 가방 들고 다녀도
너 어울린다야

민화

우리에게 옛날옛적
전설적
멋진 이야기를 들려주네

잘 참고
세상에 나온 민화들
재미있는 놀이들

호랑이 사냥하는 모습
아낙네들 단오날 머리 감는 풍경
맛있는 과일들 무릉도원

우거진 숲속 풍경
단정하게
쌓아놓은 서적들

예쁜 색깔들을
어디에서 구해서 만들어
그려냈을까

참 흥미롭고 볼수록 재밌어
아름답고 가슴 떨린다
지금의 시대를 그려놓으면

후세들이 지금의 세상
그림을 보고
참 신기해하리

산 사랑

산 중턱 저 높은 곳 지리산 노고단
바람도 쉬어가고 자동차도 쉬네

사랑하는 내 편과 핫도그도 먹고
컵 감자도 먹으며 전망대에 섰네

낭만적인 사방 풍경 넋을 잃고
바라보네
다시 또 가고 싶은 그 곳

산

뒷동산에 올라서면
마산 앞바다가 보였지
산길따라 내려가
바닷가의 굴도 줍고

떠내려 온
긴 각목도 주워왔지
보라빛 꽃 도라지 캐고
달래 뽑고 쑥도 캐왔지

집 근처 지나가는
도선을 놓치면
높은 산 넘어가면
오는 도선 타려고

땀방울 닦으면서
숨차게 뛰었지
밤이 되어 집 오는 길
바닷물이 차올라

길이 없어져
산을 넘어 갈려면
동네 총각
길동무 해준다고 따라왔었네

그 산들은 추억이 되고
공장들이 생겼고
바닷가 새길 따라
멋진 차들이 달리고 있네

옹달샘4

옹달샘에 양동이 들고 바닷길 따라
돌아서 아침마다 물 뜨러 갔네

달음박질쳐서 학교로 달려갔네
샘물은 퐁퐁 나와 가득 물을 채워놓고

저녁에 오는 나를 반갑게 기다리고 있네

보림극장

새로 생긴 큰 건물 보림극장
10대 때 한턱 쏜다며
옆집 언니랑 영화를 보러갔네

영화를 재밌게 보고 나오니
점심을 자장면 먹었는데
배가 고파요

조방앞 밀림제과 빵집이 보였지
값을 물어보지도 않고
빵을 시켰네

빵을 수북히 한 접시 가져와
맛있게 실컷 먹고 계산을
하고나니

집에 갈 버스비 6원이 안 남네
지나가는 사람들에게 얘기해 볼까
가게에 들어가 부탁해 볼까

자존심에 도저히 말을 못해
동생을 업고 감만동
철둑길 따라 유엔묘지
지나서 집까지 걸었네

때 맞춰 눈까지 와 눈 맞으며
미끄러운 길을 해질 때까지
딸 둘 잃어버린 줄
엄마는 혼비백산

갈림길

겁 없던 젊은 시절
동생이 거제도 칠천도에
좋은 사람 만나 살고 있다는
소식 듣고 가 보고 싶었다

그냥 배를 타고
칠천도 부두에 내렸는데
좌측 길 우측 길
갈림 길이 있었네

동네 이름도 몰라
전화도 없어
배는 떠났고
좌측으로 길을 나섰지

이 동네 저 동네 젊은 새댁 봤냐고
물어봐도 모른다 하네
계속 걷다 보니
해는 지고

해는 져서 캄캄한데

배는 고프고
동네 작은 가게에 들어가서
–동생 집을 못 찾고 헤매고 있다니까

하룻밤 묵어가도 된다고
방을 내어주셨지
낯선 아주머니 도움 받아 잘 자고
아침에 눈 뜨자 말자

산을 넘어 고갯길을 계속 걸었네
하루종일 섬을 한 바퀴 돌아
부둣가 아낙네 젊은 새댁을 봤다네
보고픈 동생을 만나 껴안았지

갈림길을 잘못 들어서
한 바퀴 걸어다닌 옛 생각
칠천도 섬 그때 그 아주머니
참 고맙다

그리운 고향

고향 생각만 해도 가슴 아리는 고향
집앞은 바다로 새벽에는 어부들
배가 선창에 들어와

그물로 멸치를 털면 뒤에서
기다렸다가 생멸치 주워서
할머니 드리면

할머니가 구워주시는
구수한 구운 멸치 먹고
학교도 가고

여름날은 바닷물 밀물 때면
갯가로 가서
발로 밟으면서

갯바닥에 피조개도 줍고
강 논물 흐르는 곳 갯가에서
재첩도 캐고

여름날 물 속에서 작은
새우도 잡았지

태풍이 올라치면 뒷산
대나무 세워
바람 방향 알리는 대나무 대는
무서운 휘히히 소리를 내며
잠을 못 자게 했지

빈 방이 많아 골마루 돌아
화장실 가기가 무서웠던
고향집 집은 없어지고

그 크게 보였든 집터는
왜 그리 좁아 보였는지
시간 날 때 다시 함 가보고 싶다

하늘동산 홍매화

따스한 어느 봄 날
섬진강을 따라 달리다 보면

저 강 건너 왼쪽 산 언덕에
오른쪽 산기슭에도

하얀 매화 꽃더미가 모여 있네
군데군데 홍매화 꽃 섞여있어

더 아름다워 보였지
꽃지는게 아쉬울까 봐 올망졸망

매실을 달아 보는 이를 풍요롭게
해 주니 붉은 홍매화가 더 이쁘네

민들레 냉이꽃

따뜻한 봄날 민들레 노란꽃
온 사방 물 들었네 바람 불면
날아가서 이 동산 저 들판에

노란 꽃 피우려고 날리네
몸에 이로운 꽃으로
태어나서 귀염 받네

봄이 되면 아낙네들 호미 들고
민들레 캐러 가지 언젠가는
민들레꽃 그림에서나 봐야 될까

그래도 힘껏 바람 따라 날려무나
너의 소망은
노란 꽃 친구 만드는 거니까

사랑의 묘목2

예전에
촌집에 이사를 가보니
뭔가 마당이 허전해

돌담 밑에 접시꽃 나팔꽃 뽕나무
마당 가운데 작은 화단 만들어
이름 모를 꽃도 심었네

뒷뜰엔 가지 오이 토마토
상추 쑥갓 씨앗뿌리고
호박도 심고

앞 마당 한켠엔 고추
앞 뒤뜰 열매들이
초롱초롱 열리니

참 신기하고 재밌는 농촌 체험
지금은 촌집 없어지고
경로당되어

어르신들 쉼터로
동네 어른 반기네
묘목을 심는 마음은 행복

바다

새벽이면
아버지랑 엄마랑 나
쪽배 타고 노를 저어

그물에 걸린
전어랑 숭어
도다리도 잡았지

아버지는 홍콩빠에
생선 팔아 쌀 사고
필수품도 사오셨지

낮에는 나 혼자
긴 머리 휘날리며
밀집모자에 실 줄줄 뺀 청바지 입고

넓은 바다 노저어 마산 선창에
밧줄 걸어두고 죽밥통을 거둬와
돼지를 키웠지

바다는 우리 가족의
포근하고 따뜻한
참 고마운 생활 터전

아버지와 약속

어릴 적 만화책이
참 재미가 있었지
만화책을 한권 보고야
학교를 갔네

만화를 매일 보는 큰딸이
걱정되었는지
아버지 약속을 서로 하자고
제의하다

아버지는 술 안 먹고
딸은 만화책 매일 안 보기로
약속했지

며칠을 만화를 못 봐서
뒷편이 궁금해도 참고 있는데
아버지가
며칠 뒤 술을 드시어

—와
이런 좋은 일이

약속을 먼저 어겼으니
나는 만화책을 다시 보게 되었다

이번엔
무협지 수호지 빌려와서
아버지랑 같이
재밌게 만화책을 보았네

눈치없는 어른

한 병원을 방문을 했지
한 켠에 피부 관리실이
함께 있는 병원

피부 관리하는 간호사님
얼굴이 너무 엉망으로
보였네

피부관리를 하는데
본인 얼굴부터
좀 관리해야 될 것 같아요

나도 모르게 그렇게
말이 나오고 말았네
간호사가 아휴 와이리 덥노 하며

부채질을 하는데
현관문 앞인데
바람도 솔솔 들어오고

더워요 시원한데요
눈치없는 어른이 되어버린
순간이었다
항상 너무 미안하다

윤영라 시선집 제1집

행복한 동행

인쇄 : 2022년 2월 28일
발행 : 2022년 3월 02일

지은이 : 윤영라
펴낸이 : 홍순옥
펴낸곳 : 도서출판 옹달샘
발행처 : 도서출판 한국인
기획·제작 : 도서출판 부산문학
주소 : 경남 창원시 성산구 대정로 79, 4층 402호
(남양동, 성원1차아파트 목욕탕상가)
CACILIA 음악치료
전화 : 010-6657-6596
전자우편 : cecilia85@hanmail.net
출판등록 : 제2021-000006호

ISBN 978-89-94001-85-2(03800)
정가 12,000원